작품 속 나

인간관계 증명서

예술 활동을 통한 이야기치료 Workbook

도서출판 두손검

정재순

(정벌) 문예창작학과를 졸업했고 대학원에서 문학치료 연구를 하고 졸업했다. 현재 연구원들과 함께 문학치료 분야의 치료 글쓰기와 이야기치료에 전념하고 있다.

저서

마음을 읽어주는 별 (시로 읽는 내마음 시치료 Workbook)
내 가슴에 못 빼기 (감정치료 Workbook)
나는 안녕한걸까? (문학을 통한 정서치료 Worbook)

_____ 님의

평온을 기원하며

_____ 드립니다.

년   월   일

| 시작하는 글 |

  자기 서사 이야기는 인간의 무의식을 의식화하는 가장 안전한 언어 예술 행위이다. 행복한 이야기 연구소에서는 연구원(전채희, 최소영, 정현아, 정재숙), 치료 글쓰기 작가(최봉호, 초이)와 이야기꾼들(예술인)이 모여 세상에서 일어나는 일에 대해 끊임없이 이야기를 나눈다. 이야기를 통해 예술의 씨앗을 가진 개개인의 삶을 발견하게 된다. 또 이런 활동이 소재가 되어 무의식을 의식화한 작업이 작품화되기도 한다.

  경직된 정서적 억압을 푸는 언어화된 작업(이야기 치료)은 무의식을 여는 안정적인 키이며 성장의 도구가 되는 것을 확인하기도 한다. 어떤 분야의 예술 활동이든 작품화하는 과정에서 치유와 치료가 일어나는 경험을 우리는 모두 부정할 수 없음을 재확인하기도 한다.

작품 과정에 일어나는 이야기의 자기 서사는 심리 정서 치료로서 기존에 만들어진 영역과 정의를 확장시켜 인간이 하는 모든 행위에서 출발해야 한다. 그 어떤 삶도 타인이 살아 줄 수 없음을 누구도 부정하지 못하고 그 정의를 통해 다양한 삶의 형태를 인정한다면 누구의 삶도 소중하며 아름답지 않은 삶은 없다. 유한한 유기체로서의 인간 이해를 통해 조금 더 인간의 삶을 아름답고 따스하고 풍요롭고 평온하게 바라보아야 한다. 다행인지 불행인지 알 수 없지만 개개인의 서사는 그들 자신이 가장 정확하게 알고 있다. 하지만 혼자서 풀어낼 수 없기에 조력자와 도구를 통해 무의식을 의식화하는 작업 과정을 통과해야 한다. 이런 이유로 다양한 예술 활동으로 자기 자신과 소통 속에서 해법을 찾아가는 과정을 함께 하려 한다. 지금부터 자신이 가지고 있지만 알 수 없었던 무겁고 뜨거운 이야기에 묶여진 매듭을 푸는 독창적이고 창의적인 예술로 승화하는 과정을 독자와 함께하려 한다.

현대인 3

정재순

사무실에
편리함을 위해
비치 되어진 컴퓨터 사이로
끼워진 무거운 머리에
가려진 맑은 눈망울이 모여 있다

창문 밖에서 잠깐 들여다보니
하고 싶은 이야기가 눈물샘 가득 차 있어
눈썹 한 가닥에 주루룩 떨어질 태세이다

무엇을 해야 하는지 아는 것 같기도 하고
모르는 것 같기도 하다

모두 쉼 없이
휴대폰 속에 누군가에게 열정을 다한다

흰머리 회색 머리 검정 머리가
신입사원이라는 이름인 그들은
열정적 열정을 만드는 사무실에서 열정을 잃어 간다

시간이 지난 뒤 다시 가보니
모두 다 가는 곳을 알고 있는 것 같다

시인, 한국문인협회 회원, 부산문인협회 회원, 부산시인협회 이사, 행복한 이야기치료연구소 소장

| 목 차 |

1 **인간의 서사** 書史 · 12
예술

2 **신이 되려는 자들이 받는 벌** · 62
울지 못하는 사람
감정을 잃어버린 사람

3 **마음이 변한다, 그래서 아름답다** · 98
정서적 감각인 마음
감정을 이야기하다
울어야 웃을 수 있다

1

인간의 서사 書史

예술

'아름다움을 표현하는 인간의 활동'

인간의 억압된 욕구와 욕망을 예술로 승화시키는 과정은 심리 정서 치료에서 예방의학으로서 충분히 가치가 있다.
 매슬로우의 인간의 욕구 5단계나 에릭슨을 이야기하지 않아도 인간이 성장하고자 하는 욕구가 있다는 사실은 누구도 거부하지 못한다. 또 아름다움을 추구하고 실현하려는 예술 활동은 인간의 본능적 욕구와 인간성 회복에 큰 영향을 미친다는 것에 반대하기 쉽지 않다.
 각자 무의식 속에 나타나는 억압된 욕구와 욕망을 다양한 예술 활동으로 자기 서사를 작품으로 승화시켜 본다.

전윤희 _ 디자인 커뮤니케이션   594×840mm, Digital printing

◇ 시각이 주제인 작품

내가 소개하는 작품

시각예술

(그림, 사진, 영상, 조각의 공간, 보이는 모든 것)

시각을 통한 상상력을 자유롭게 펼칠 수 있다.
그 과정은 감정과 생각을 표현하는 도구로서
그동안 삶 속에 왜곡된 시각적 정보를 재해석하며
이미지로 왜곡과 오류를 점검할 수 있다.

◇ 시각적 언어 (Visual)

이미지, 모양, 색깔, 크기 등 시각을 자극하는 모든 단어와 문장을 적어 봅니다.

◇ 감상 중 기억 나는 부분을 그림으로 그려 봅니다.

◇ 작품을 재해석해 봅니다.

나는 이 작품의

보인다.

◇ 나는 작품을 어떻게 해석하고 있는지 적어 봅니다.

◇ 작품의 어떤 부분이 긍정으로 해석되었는지 긍정적인 감정 단어와 문장으로 써봅니다.

◇ 작품 속 불편한 감정 단어를 아래의 단어 중에 선택하여 적고, 그때 나타나는 신체 증상을 자세히 적어 봅니다.

(우울, 혼란, 분노, 폭발, 슬픔, 불안, 불면증, 심장 두근거림, 가슴통증 등 다른 신체적 불편함)

◇ 작품 속 기억에 남는 인물 중

긍정적이며

부정적이고

강점이자

약한 부분을 가지며

따스함을

느끼는 인간성을 가지고 있다.

◇ 작품 속 _____는

_____ 아픔에

_____ 고통을 느끼며

_____ 조절했다.

최장락 _ 청년의 아우라　A1, Computer graphics

◇ 청각이 주제가 되는 작품

내가 소개하는 작품

◇ 청각적 언어 (Auditory)

소리, 의성어를 적어 봅니다.

◇ 작품을 재해석해 봅니다.

나는

들린다.

◇ 나는 소리를 어떻게 듣는지 살펴봅니다.

나는
　　　　　　　　　소리에 평온함을 느끼며
　　　　　　　　　대화에서
　　　　　　　　　편안함이 온다.
　　　　　　　　　상대의 목소리에
　　　　　　　　　민감해지며
　　　　　　　　　불편해져서
　　　　　　　　　긍정단어나 문장을 듣고 싶다.

◇ 어떤 소리에 불편함을 느끼며 대화 중에 어떤 문장과 단어에 자극을 받는지 적어 봅니다.

나는

작품 속 인물 _____ 에게

	인간으로서
	긍정적이며
	부정적이고
	강점이자
	약한 부분을 가지며
	따스함을 느낀다.

나는

이 작품을 통해

아픔에

고통을 느끼며

조절했다.

최장락 _ 가족은 도약이다   600×1400mm, Digital print, 캔버스천, 2024

◇ 신체 감각이 주제가 되는 작품

내가 소개하는 작품

◇ 촉각 언어 (Kinesthetic)

신체의 촉각적 느낌의 문장이나 단어를 적어봅니다.

◇ 작품을 재해석해 봅니다.

나는

느낀다.

◇ 작품 속 어떤 부분을 통해 신체 감각이 편안하고 부드럽고 따뜻한 촉각의 느낌을 느꼈는지 긍정적 문장이나 감정 단어를 적어 봅니다.

◇ 작품 속 불편한 감정 단어를 찾아서 적어 봅니다.

나는

_____ 인간으로서

_____ 긍정적이며

_____ 부정적이고

_____ 강점이자

_____ 약한 부분을 가지며

_____ 느낌을 느꼈다.

나는

_____ 장면에서

_____ 아픔에

_____ 고통을 느끼며

_____ 위로를 받고 싶다.

김명근 _ 재래시장

◇ 후각이 주제인 작품

내가 소개하는 작품

◇ 후각적 언어 (Olfactory)

　냄새나 향을 맡고 후각을 자극하는 단어와 문장을 찾아 써봅니다.

◇ 작품을 재해석해 봅니다.

나는

향기와 냄새를 맡았다.

◇ 나는 향기나 냄새에 어떻게 기억하고 해석하고 있는지 적어 봅니다.

◇ 좋은 향기와 냄새의 기억을 찾아 적어 봅니다.

◇ 불편한 향기와 냄새가 나는 장소를 찾아보고 이유를 적어 봅니다.

나는

기억으로서

긍정적이며

부정적이고

기억으로

불편하며

기분 좋은 향기에

기억이 떠오른다.

나는

작품 속 이 장면에서

                                            향에 민감하며

                                            불편함을 느끼고

                                            해결한다.

최장락 _ 전통시장을 꿈꾸다   A1, Computer graphics

◇ 맛이 주제가 되는 작품

내가 소개하는 작품

◇ 미각적 언어 (Gustatory)

맛에 대한 기억을 적어 봅니다.

나는

작품 속

장면에서

음식이 생각나고

사람과

기억과

맛을 느꼈습니다.

◇ 나는 작품에서 어떤 맛이 느껴지고 기억되는지 적어 봅니다.

◇ 맛에 불편한 기억과 이유를 적어 봅니다.

나는

맛에 대한

　　　　　　　　　　　　기억으로서

　　　　　　　　　　　　긍정적이며

　　　　　　　　　　　　부정적이고

　　　　　　　　　　에 대한 추억을 가진

　　　　　　　　　　　　식사 환경으로

　　　　　　　느끼는 음식의 기억을 가지고 있다.

나는

　　　　　　　　　　식사의 불편한 기억으로

　　　　　　　　　　고통을 느끼며

　　　　　　　　　　해결한다.

2
신이 되려는 자들이 받는 벌

울지 못하는 사람들

인간은 스스로 인식과 자각을 통해 자신을 재해석하고 재구성하기도 한다. 이 과정에서 강박으로 완벽함을 추구한다던가 어린 자아가 나와서 어려움을 겪기도 한다. 이런 결과를 인식하여 자각하면 언어와 행동으로서 나타내는 것이 공감과 배려의 출발이 아닐까 한다. 기억의 재구성은 시간 여행이자 정신적인 자기 확장으로 행동수정에 이르게 되는데 자신에 대한 관심과 사랑에서 시작된다.

　인간은 슬픔을 느끼며 눈물을 흘리고 고통과 상처를 통해 회복한다. 이 과정이 인간성 회복으로 인간의 정체성과 가치의 아름다움이 연결되는 것이 아닐까? 그래서 무의식 속에 잠겨있던 그 무엇인가를 수면 위로 올릴 수 있는 예술 활동을 통한 자기만의 예술적 서사를 찾는 작업이 필요하다, 작업은 억압되고 경직되어있는 심리 정서적 감정을 안전하고 자연스럽게 흐르게 할 수 있다. 이 과정은 나의 아름다운 서사의 씨앗을 찾아내고 재구성하는 작품의 이야기를 통해 풍부하고 자연스럽게 승화시킬 수 있다.

◇ 세상에 하나뿐인 나의 이야기

◇ 가장 창의적인 나의 이야기

◇ 내가 원하는 예술 활동

시각

청각

촉각

미각

공감각

오감각 중에 하나의 주제를 선택합니다.

◇ 주제를 선택한 이유를 적어봅니다.

예술작품은 인간의 욕구와 욕망을 가장 아름답게 해결할 수 있고, 승화시킬 수 있는 욕구의 정상적인 외출이다.

인간의 욕망이 비정상적인 가출로 세상에 자리를 잡아 삶은 정상적으로 돌아가지 못하는 때를 본다. 그것을 조절하고 배려하는 사회적 관계의 인간적인 삶은 정상적으로 드러낼 수 있는 인간에 대한 이해이다. 예술 작업은 자각을 통해 자신과 화해와 용서, 공감과 배려로 내가 얻은 것에 대한 진정한 가치를 찾아보는 과정이다.

◇ 자기 작품 과정을 이야기로 풀어서 적어 봅니다.

감정을 잃어버린 사람

라틴어 'Emovere'에서 온 감정의 영어 표현은 'Emotion'이다. 뜻은 '흔들어 대다, 동요시키다'라는 반응이나 자극의 상태나 그런 자극에서 오는 생리적 변화, 즉 혈압, 맥박, 호흡의 변화 등과 같은 행동 반응이다. 실체를 찾기가 쉽지 않아 없다고 해야 하지만 분명한 것은 우리는 느낀다는 것이라서 우리 몸 어딘가에서 작동을 한다.

감정단어 1

기쁘다 자랑스럽다 흥분하다 우쭐하다 통쾌하다	사랑하다 좋아하다 그립다 보고싶다 들뜨다	우울하다 슬프다 불행하다 공허하다 허무하다	화나다 분노하다 불쾌하다 짜증나다 지겹다

탄식하다 한탄하다 고통스럽다 괴롭다 고민하다	불안하다 무섭다 놀라다 떨리다 징그럽다	부끄럽다 무안하다 샘나다 약오르다 부럽다

◇ 선택한 감정단어를 넣어 문장을 만들어 봅시다.

◇ 문장을 읽어보고 자신의 마음을 해석해서 적어 봅니다.

감정단어 2

시원하다 신난다 든든하다 개운하다 상쾌하다	따뜻하다 행복하다 설레다 즐겁다 편안하다	쓸쓸하다 어둡다 캄캄하다 실망스럽다 서글프다	당당하다 무시하다 경멸하다 미워하다 증오하다
아프다 충격적이다 안달하다 속상하다 힘들다	긴장되다 당황스럽다 두렵다 소름끼치다 조마조마하다	신비하다 신기하다 이상하다 어지럽다 멍하다	

◇ 선택한 감정단어를 넣어 문장을 만들어 봅니다.

◇ 문장을 읽어보고 자신의 마음이 보내는 신호를 해석해서 정리해봅니다.

감정단어 3

감사하다 감격하다 안심이다 후련하다 흡족하다	촉촉하다 산뜻하다 멋지다 달콤하다 만족스럽다	외롭다 적막하다 울적하다 허전하다 삭막하다	시기하다 괘씸하다 실증나다 싸늘하다 냉정하다

쓰라리다 비참하다 숨막히다 억울하다 언짢다	걱정스럽다 초조하다 염려스럽다 소스라치다 겸연다	나른하다 귀찮다 궁금하다 느슨하다 뉘우치다

◇ 선택한 감정단어를 넣어 문장을 만들어 봅니다.

◇ 문장을 읽어보고 자신의 마음을 해석해서 정리해 봅니다.

감정단어 4

싱그럽다 환하다 뭉클하다 뿌듯(흡족)하다 풍요롭다	기대되다 두근거리다 흐뭇하다 평화롭다 명랑하다	메마르다 서럽다 울고 싶다 심란하다 불쌍하다	신경질나다 서운하다 섭섭하다 분하다 아깝다
간절하다 안타깝다 지치다 아프다 감질나다	주눅이 들다 무시무시하다 주저하다 소심하다 섬뜩하다	아쉽다 짜릿하다 지루하다 따분하다 심심하다	

◇ 선택한 감정단어를 넣어 문장을 만들어 봅니다.

◇ 문장을 읽어보고 자신의 생각을 정리해 봅니다.

감정단어 5

활기차다 신바람나다 가슴벅차다 희망적이다 감동적이다	평온하다 쾌활하다 황홀하다 태평하다 포근하다	한스럽다 비참하다 안타깝다 암담하다 괴롭다/침통하다	원망스럽다 노하다 격분하다 얕보다 분개하다
뒤틀리다 꼬이다 피곤하다 고달프다 당당하다	압박감이 들다 불안정하다 초바심나다 절절매다 꺼림칙하다	아득하다 뾰로통하다 수줍다 능청스럽다 당당하다	

◇ 선택한 감정단어를 넣어 문장을 만들어 봅니다.

◇ 문장을 읽어보고 자신의 생각을 정리해 봅니다.

감정단어 6

뿌듯하다 쾌적하다 통쾌하다 편안하다 훈훈하다	후련하다 여유롭다 감미롭다 반갑다 고맙다	쓰라리다 미어지다 착잡하다 고독하다 애처롭다	자포자기하다 흥분하다 절망적이다 노엽다 분통터지다
혼란스럽다 조바심나다 허탈하다 야속하다 가슴아리다	끔찍하다 충격적이다 겁나다 허전하다 섬뜩하다	떳하다 떳떳하다 미안하다 무시하다 매정하다	

◇ 선택한 감정단어를 넣어 문장을 만들어 봅니다.

◇ 문장을 읽어보고 자신의 마음을 적어 봅니다.

감정단어 7

안심이되다 산뜻하다 상큼하다 낙천적이다 짜릿하다	통쾌하다 자랑스럽다 후련하다 통쾌하다 반갑다	절망하다 냉랭하다 서럽다/애석하다 쓸쓸하다 억울하다	원망스럽다
	애절하다 공허하다 포독스럽다 후회스럽다 뼈아프다	무시무시하다 경멸스럽다	부담스럽다 비아냥거리다 토라지다 부담스럽다 켕기다

◇ 선택한 감정단어를 5개 적어봅니다.

◇ 5개의 감정단어를 써서 문장을 완성해 봅니다.

감정단어 8

찡하다 실감나다 포근하다	아늑하다 평온하다 활기차다	통탄하다 측은하다 처량하다 쓰라리다 근심스럽다	야속하다 비탄스럽다 안쓰럽다 절망스럽다 먹먹하다

모욕감이 느껴지다 저주스럽다 가슴아프다 목이 메다 허탈하다 부담스럽다	파렴치하다 피곤하다 허무하다 애절하다 가슴아리다	무기력하다 공허하다 창피하다 억지스럽다 어이없다

◇ 선택한 감정단어를 넣어 문장을 정리하세요.

◇ 문장을 읽어보고 자신의 마음이 보내는 신호를 정리하세요.

◇ 나는 나를 어떻게 이해하고 있는지 내가 느끼는 감정 단어를 적어 봅시다.

긍정의
감정 단어 _____

문장 _____

_____

불편한
감정 단어 _____

문장 _____

_____

나는

_____ 사람으로서

_____ 긍정적이며

_____ 부정적이고

_____ 강점이자

_____ 약하며

_____ 따스함을 느끼는

_____ 인간성을 가지고 있다.

나는

　　　　　　　　　　　　환경에

　　　　　　　　　　　아픔이 있고

　　　　　　　　　　고통을 느끼며

　　　　　　　　　　　조절한다.

나는

_____ 불안하다.

_____ 분노를 느낀다.

_____ 수치심을 느낀다.

_____ 억압된 감정을 느낀다.

_____ 죄책감을 갖는다.

인간이 느껴야 할 감정이기에 나는 그 감정을 자각한다.

◇ 나는 감정을 어떻게 느끼는지 적어 봅니다.

희 喜

노 怒

애 哀

락 樂

오 惡

욕 慾

칠 七

정 情

우리는 살아있다는 확인으로서
'희노애락, 오욕칠정' 존재를 잊고 있기에
지금 느껴야 할 행복한 감정을 놓치고 있는 것은 아닐까?

인간관계 증명서

내가
선택한 _____작품의 과정에서

1. 무엇을 보았는가?

2. 어떤 소리에 반응했는가?

3. 어떤 향기에 멈추었는가?

4. 어떤 맛을 즐기고 있는가?

5. 어떻게 표현하고 있는가?

6. 무엇을 느끼고 있는가?

7. 누구와 어떤 소통(대화)을 하는가?

8. 어떤 배려를 하고 있는가?

9. 어떻게 공감했는가?

10. 사랑은 어떤 상태에서 느꼈는가?

11. 슬픔은 어떻게 느끼고 표현했는가?

12. 눈물을 흘렸는가? 어느 부분에서 났는가?

13. 어디에서 느끼고 상처의 흔적은 어디에 어떻게 남았는가?

14. 미안함과 감사는 어떻게 표현했는가?

15. 기쁨을 느끼고, 그것이 평온함으로 이어졌는가?

3
마음이 변한다, 그래서 아름답다,

정서적 감각인 마음

정서적 감각인 마음은 인간임을 증명하는 가장 독특한 확인 방법이다. 사전적 의미의 인간은 '생각하고 언어를 사용하며, 도구를 만들어 쓰고 사회를 이루어 사는 동물이다.'라고 정의 내려져 있지만, 인간의 깊은 정서적 내면에는 데카르트가 주장하는 기본감정과 유교권에 안에서 설명하는 희로애락喜怒哀樂에 대한 설명으로 순자는 '인간의 본성은 좋아하고 싫어하며 기쁨과 분노를 슬픔과 즐거움을 가진 정이 기본이 되고 이것이 밖의 환경에 따라 반응하는 것'으로 말하고 있다. 또 오관을 통해서 일어나는 오욕五慾 '재물욕 명예욕 식욕 수면욕 색욕' 칠정七情 '희노애락애오욕'은 인간의 감각 기관 오관이 각각 빛, 냄새, 소리, 맛, 만지는 느낌의 오경에 집착하여 야기되는 다섯 종의 욕망으로 보고 있다.

AI가 인간의 세계에 들어와 분명 도움이 되지만 세상에 어떤 변화가 단점일까? 불편함과 단점으로 나타나는 것은 인간의 고유의 영역인 아름답고 따뜻하고 섬세한 감성의 교류가 약화되고 인간 스스로 성장하는 과정의 인간성까지 잃어버리는 것이다. 그것은 감성을 잃지 않을 노력과 경계 해야 하는 시간이 인간에게 필요한 시대가 왔음을 의미한다.

이것은 인간의 본성에 숨어 있는 예술성을 깨워야하는 중요한 이유가 된다. 이것을 깨우는 시도는 과정에서 일어나는 현상으로 인간 개개인의 서사를 감성적 터치로 따뜻함을 느끼고 아름다움을 보며, 향기로움을 맡으며 사랑을 속삭이고 생명을 위한 나누어 먹음을 기본으로 배려하고 공감하고 협력할 수 있는 기능과 자기의 역할을 스스로 결정하고 행하며 성장하려 모두에게 이롭도록 노력하는 모습이다. 인간은 아름다운 미완성을 가진 성장을 할 수 있는 슬픔과 고통을 선물 받은 생명체이다. 하지만 지금 우리가 현실에서 느끼는 환경은 인간성에서 나오는 것을 무시하거나 부정하는 것도 부족해, 인간을 이해하는 일조차 모멸차게 배제한다. 그래서 적합한 사회인으로서의 구성원이 되기 위해서는 협력이 필요하다. 정해진 답과 행동을 정당화 하기보다는 과정에서 변화하고 성장하는 시간도 존중해야 한다. 인간은 성장하기 때문에 서로 의지하고 협력하고 사랑하며 살아갈 수 있는 것이 아닐까? 짧은 글을 통한 긴 이야기로 자신의 지금까지 서사를 재구성하여 다양한 예술활동으로 재해석 되는 시간이 필요하기에 함께 생각의 시간을 가져야 한다.

감정을
이야기하다

예술은 신이 인간에게 심어준 가장 위대하고 소중한 선물이다. 그 선물 중 가장 아름다운 작품은 '나의 서사'가 활동을 통해 작품으로 확장되는 것이다.
　헤겔도 '미는 예술과의 주관적 공상'이라고도 했다. 고통이 씨앗으로 승화되지 않는 아름다움은 과연 인간의 감성을 흔들게 할 수 있을까? 예술은 인간을 결합시키기도 하고 함께 공감하며 서로의 정서적 교류를 하는 매개체가 되기도 하지만, 자신과의 소통에서 가장 결정적인 역할을 한다. 그래서 어떤 예술의 영역이든 인간의 삶이 승화되지 않은 작품은 없다.

◇ 나를 기억하고 정리해 본다.

조부모님 성함

부모님의 성함

나의 이름

나의 생년월일

내가 태어난 곳과 나의 출생을 같이한 사람
(예: 의사, 간호사, 할머니, 아버지, 형제자매 등)

◇ 나의 성장기 중에 가장 기억에 남는 사건을 정리해 봅니다.

◇ 이 사건이 기억에 남는 이유를 찾아 적어 봅니다.

◇ 나의 서사를 정리해 봅니다.

나의 유년기

청소년기

청년기

장년기

노년기

기억들이 남아있다.

◇ 위의 내용을 녹음합니다.

◇ 녹음 내용을 눈을 감고 들어봅니다.

◇ 듣고 난 후 나에게 편지를 써봅니다.

◇ 생각나는 사람에게 글을 써봅니다.

울어야
웃을 수 있다

◇ 슬픔을 느낀 작품의 내용을 구체적으로 써봅니다.

◇ 나의 성장기 중 어느 시기였는지 적어 봅니다.
   (문화적 환경과 사건을 자세히)

◇ 나는 어떤 작품에서 심리적으로 아픈 고통과 상처를 느꼈는지 적어 봅시다.

◇ 떠오르는 인물과 상황을 자세하게 적어 봅니다.

나는

언제

어디에서

무엇에

정서적 고통과 상처를 느낀다.

나는

어려움을 겪고 있고

상황이 오면 불편함으로 다가온다.

환경에 노출이 되면

감정이 느껴진다.

과거의 사건들이

재기억 되어

행동을 하게 된다.

나의

문화적 환경은

부정적 기억들이

힘들었다.

나의

예술 활동을 통해

작품을 만들면서

과정을 경험했다.

나의

다양성과

다른 생각을

경험하며

다름이

만들어 졌다는

사실을

이해하게 되었고

방법으로

존중 받기를 원한다.

자신을 솔직하게 드러낸다는 것은 자연스러운 일이지만 용기가 있어야 한다. 그래도 드러내어야 하는 이유는 정신신체의학에서 전문가들은 피로와 병의 가장 일반적인 원인은 감정의 억압이라고 말하고 있기 때문이다. 우리 모두 받아들이고 싶지 않은 감정이 있다는 것은 사실이다. 하지만 인정하지 못할 때 만들어지는 부정적인 감정은 받아들이는 고통보다 더 많은 대가를 치른다.

  그래서 예술을 통한 승화의 과정이 필요하다. 누구든 자신이 두려움을 느끼는 것을 스스로 부족하다고 생각하고 화가 나거나 육체적 욕구 때문에 죄의식을 느낀다. 하지만 감정은 인간이기 때문에 그저 일어나는 욕구고 욕망이지 도덕적이거나 악한 감정이 아니다. 도덕적인 비난 없이 두렵고, 화가 나고, 성적인 충동을 느낀다고 말할 수 있어야 한다. 두렵고 화가 난다는 표현은 소리치거나 폭력을 쓰는 것과 다르다. 같은 의미의 다른 언어를 통해 감정을 정상적인 과정을 통해 경직과 억압 대신 소멸시켜야 한다.

예술치료가 필요한 이유는 행동으로 나오기 전에 다양한 작품 과정을 표출하게 해서 부정적 행동이 멈추어지기도 하고 조절할 수 있는 훈련이기 때문이다. 이 훈련을 통해 현재 재현되어 경험하는 과거의 존재가 언어적, 생존적, 공동체적으로 사고의 시야를 확장해준다. 그러므로 이 과정을 가장 유연하고 안전하게 넘을 수 있는 예술 활동이 필요한 이유이다.

'완벽함과 완성'

우리가 사는 세상에
존재하는 것일까?

승화

정재순

허영으로 짠 외투를 벗고

아집으로 만든 셔츠와

갸날픈 쇠줄에 걸려 있는 것을 걷어내면 뽀얀 두 능선

삶아 씻어 말린 그것까지 내리면 깊게 패인 태곳적 숲

생명수가 아직 마르지 않았다

첫 남자를 받아들이던 그날처럼

고통의 붉은 이슬을 적시어 정수리를 밀어내며 날아 오른다

2024년 부산시인협회〈부산시인〉작품상 수상 작품

| 나가는 글 |

　〈예술 활동을 통한 이야기치료 Workbook〉은 아쉬운 부분들이 많이 남겨져 있다. 이 워크북은 완성이라는 단어를 쓰기보다는 성장이라는 단어를 선택했고, 빈 구석을 독자의 즐거운 게임으로 남겨 놓았다. 이유는 독자와 워크북 사이에 일어나야 할 과정이기 때문이다.

　우리는 출발과 결과 만큼 과정이 주는 중요함을 잊고 살아가고 있다. 그래서 불행이라는 감정을 갖는게 아닌가 한다. 인간은 완성된 생명체가 아닌 만들어지는 과정에 있는 생명체로서 존중되어야 한다. 예술 활동을 통해 수정되고 첨삭되며 삭제되는 활동은 인간 이해와 삶의 가치를 어디에 두고 있는지 인지하고 자각하는 경험을 하게 된다.

내가 지금 모든 것을 온전하고 완벽하게 완성해야 한다는 생각이 인간이 기를 포기하는 삶의 목표로 모두를 불행의 기차로 인도한다. 그래서 우리는 각자의 삶 속에서 의문을 가지게 하는 많은 일을 경험한다. 이런 의문에 대한 답을 얻기 위해 무엇을 언제 어디서 어떻게 누구에게 왜?라는 질문을 자신에게 해야 한다. 왜냐하면 자신을 자각하고 인지해야 한다는 것을 모두 알고 있지만 자각하거나 인지하는 사람의 수는 아주 극소수이기 때문이다. 이 의문의 답을 얻기 위해 혼란스러워지고 그 과정에서 고통과 고뇌의 시간을 만나기도 한다. 하지만 내일의 평온을 위해 이 과정을 지혜롭게 맞이해야 한다. 과정에서 일어나는 심리 정서의 변화로 평온을 찾아내는 일은 예방의학으로서, 치유, 치료의 결과를 얻기 때문이다.

〈인간관계 증명서〉에 들어 있는 예술 활동을 통해 진실한 자기와의 만남과 소통으로 자신이 주인공이 되는 삶이 되는데 빛이 되길 기원해 본다.

| 참고문헌 |

· 나동광 〈이야기치료〉 경성대학교출판부, 2012

· 존 포웰 〈왜 나를 말하기를 두려워하는가〉 자유문학사, 1989

· 이토 아키라/이만옥 옮김 〈듣는기술이 사람을 움직인다〉 도서출판 은행나무, 2001

· 르네지라르/김치수, 송의경 옮김 〈낭만적 거짓과 소설적 진실〉 (주)도서출판 한길사, 2001

· 주통/유수경 옮김 〈이야기심리학〉 휘릭스드림, 2011

· Stephen Madigan/정석환, 김선영, 박경은, 현채승 옮김 〈이야기치료입문〉

  (주)시그미프레스, 2017

· 김번영, 김신희, 박숙현, 박윤희, 한민경 공저 〈청소년을 위한 이야기 상담과 치료〉

  학지사, 2013

· 박성희 〈동화로 열어가는 상담이야기〉 학지사, 2007

· Michael White, David Epston 공저/정석환 역 〈이야기 심리치료 방법론〉 학지사, 2015

· 김번영 〈이야기치료의 원리와 실제〉 학지사, 2015

· Michael White/이선혜, 정슬기, 허남순 공저 〈이야기치료의 지도〉 학지사, 2009

· 박종수 〈분석심리학에 기초한 이야기 심리치료〉 학지사, 2005

예술활동증명 확인서

발급번호		201904120005
인적사항	성명	정재순
	생년월일	
	주소지	
분야		문학
예술활동증명 유효기간		2020년 12월 03일 ~ 2025년 12월 02일

위 사람은 예술인복지법
제2조 및 예술인복지법 시행령 제2조에 의하여
예술활동증명을 완료하였음을 확인합니다

2020년 12월 04일
한국예술인복지재단

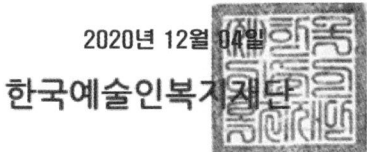

※ 예술활동증명은 예술인복지법 제2조에 정의된 '예술인' 정의에 부합되는 활동을 하였음을 증명하는 절차입니다.
※ "예술인"이란 예술 활동을 업(業)으로 하여 국가를 문화적, 사회적, 경제적, 정치적으로 풍요롭게 만드는 데 공헌하는 사람으로서 문화예술분야에서 대통령령으로 정하는 바에 따라 창작, 실연, 기술지원 등의 활동을 증명할 수 있는 사람을 말한다.(예술인 복지법 제2조)

예술은
신이 인간에게 준
가장 위대하고 소중한
선물이다.

- 작가 -

작품 속 나
인간관계 증명서
예술 활동을 통한 이야기치료 Workbook

인쇄일 | 2024년 12월 17일
발행일 | 2024년 12월 24일
지은이 | 정재순
펴낸이 | 최장락
펴낸곳 | 도서출판 두손컴(출판등록 제329-1997-13호)
　　　　부산광역시 부산진구 부전로35, 301호(부전동, 삼성빌딩)
　　　　T. 051-805-8002   F. 051-805-8045
　　　　E-mail. doosoncomm@daum.net

ⓒ 정재순, 2024
값 18,000원

ISBN 979-11-91263-92-3   03810

* 저자와 협의에 의해 인지를 생략합니다.
* 잘못 만들어진 책은 바꾸어 드립니다.

2024년 〈한국예술인복지재단 예술활동지원금〉으로 출판되었습니다.